QUELQUES EXPLICATIONS

adressées à

SES CONCITOYENS

au sujet de ses

FONCTIONS MUNICIPALES PENDANT LE SIÉGE DE STRASBOURG

et de son

VOYAGE A TOURS

PAR

A. ZOPFF

Adjoint au Maire démissionnaire.

STRASBOURG

IMPRIMERIE DE E. SIMON, RUE DU DÔME

1871

QUELQUES EXPLICATIONS

adressées à

SES CONCITOYENS

au sujet de ses

FONCTIONS MUNICIPALES PENDANT LE SIÈGE DE STRASBOURG

et de son

VOYAGE A TOURS

PAR

A. ZOPFF

Adjoint au Maire démissionnaire.

STRASBOURG

IMPRIMERIE DE E. SIMON, RUE DU DÔME

1871.

QUELQUES EXPLICATIONS

adressées

A SES CONCITOYENS

par

A. ZOPFF

Adjoint au Maire démissionnaire.

Introduction.

Après avoir été admis à l'honneur de prendre une part active à l'administration de notre cité, et avoir joué un rôle actif pendant le siége et dans les premiers jours qui suivirent la capitulation, j'ai été amené à quitter brusquement une scène qui m'était devenue chère et à rentrer dans l'obscurité.

Beaucoup de nos concitoyens ont dû être étonnés de cette brusque retraite; il m'a semblé qu'il était de mon devoir de leur dire les motifs qui m'y ont déterminé, d'autant plus qu'on s'est efforcé, en certain lieu, à les dénaturer d'une manière peu loyale.

Je me serais abstenu d'entretenir le public de mon humble personne, si l'homme auquel je suis tout particulièrement redevable des mécomptes que j'ai éprouvés et des bruits malveillants que l'on a répandus sur mon compte, avait consenti, ainsi que je l'en ai prié, à reconnaître la fausseté de ses accusations et à me rassurer en même temps sur la nature de ses sentiments à mon égard.

Je me suis efforcé de rester dans la vérité et de refouler des impressions pénibles pour laisser parler les faits.

S'il m'arrive de trop parler de moi, je prierai mes lecteurs de prendre en considération la situation pénible qui m'a été faite par ces calomnies, et qui m'impose la dure nécessité de revenir sur le passé pour sauvegarder l'avenir.

A. ZOPPF.

CHAPITRE Ier.

L'Affiche concernant les Officiers français.

Pendant le peu de temps que j'ai rempli les fonctions d'adjoint au Maire de Strasbourg, j'ai eu tout particulièrement à me plaindre des attaques systématiques de M. le notaire Flach, un de mes collègues. Je passerai sous silence plusieurs scènes fort pénibles, soulevées par lui au sujet de mes faits et gestes, et qui tournèrent rarement à son avantage; aussi choisissait-il de préférence, pour m'attaquer, les moments où j'étais absent du Conseil d'administration. Le fait suivant suffira pour donner à mes amis une juste idée des procédés de M. l'adjoint Flach.

Le lecteur se rappelle sans doute l'affiche de M. de Wangenheim, placardée le 1er octobre sur les murs de la ville et qui ordonnait aux officiers français de sortir sans armes, de saluer les chefs étrangers, puis de quitter la ville avant le 6 octobre.

Cette affiche était de ma composition, ou plutôt j'en avais soigné la traduction. Un traducteur de la Maison Berger-Levrault m'était venu en aide pour faire disparaître du texte original certains termes peu flatteurs pour nos malheureux défenseurs et l'affiche était devenue aussi acceptable que possible, au point même que nous arrivâmes à nous demander si nous étions restés des traducteurs fidèles.

Afin de parer à toute éventualité, je me rendis à dix

heures du soir chez M. le général de Mertens, qui s'empressa de dissiper mes inquiétudes en approuvant et contresignant ma traduction. Tout se passa convenablement; l'affiche parut et aucun officier français n'eut à se plaindre. Cependant j'avais fait mon compte sans le *Courrier du Bas-Rhin*, qui retraduisit en allemand le texte français de l'affiche, de telle sorte que M. de Wangenheim n'en reconnut plus que le sens et la signature.

Cela lui déplut, il s'en plaignit au Maire dans des termes du reste parfaitement convenables. M. Küss, après m'avoir demandé des explications, finit par m'approuver et me pria d'écrire à M. de Wangenheim pour lui dire que M. de Mertens avait consenti aux modifications en question.

Mais M. Küss n'avait sans doute pas jugé nécessaire d'informer M. Flach de ce qui venait de se passer, et celui-ci, qui, le matin, avait été heureux de trouver l'occasion de me molester, résolut de m'achever le soir même, en Conseil, et me fit un sermon qui certes ne brillait pas par l'urbanité. Je crus devoir l'arrêter au beau milieu de son discours en lui disant que j'en avais assez de ses grossièretés et que, s'il voulait provoquer une querelle personnelle, j'étais tout disposé à le suivre sur ce terrain.

M. Küss crut alors devoir intervenir:

„Vraiment, Maître Flach, lui dit-il, je ne sais pas pourquoi vous vous en prenez toujours à Zopff et ne cessez de lui chercher querelle? Il a tout au plus empiété sur mes attributions à moi et non sur les vôtres. Une explication a eu lieu entre nous et j'ai été obligé de convenir qu'il avait bien agi."

Sur ce M. Flach se leva, prit son chapeau et partit en s'écriant:

„Ah! c'est ainsi qu'on me traite! Ce matin vous m'avez tous soutenu et ce soir vous m'abandonnez? Eh bien, *je donne ma démission!*"

Lorsqu'il eut quitté la salle, M. Küss exprima tout l'ennui que lui causait cette désunion inattendue. Pour moi, qui connaissais M. Flach, je me contentai de répondre:

„Oh! ne craignez rien, il ne tardera pas à revenir."

Et en effet, au bout de cinq minutes M. Flach rentra dans la salle:

„Demain à midi, nous dit-il, doit avoir lieu *l'adjudication des bœufs*, il faut que j'y assiste; vous pourrez me remplacer après-demain!"

Il s'agissait des *bœufs* que M. le général de Werder avait donnés pour les indigents et que j'avais fait chercher à Mundolsheim par les soins de M. le vétérinaire de la ville.

M. Küss fit quelques remontrances à M. Flach, qui promit de rester, à la condition que je retirerais l'expression dont je m'étais servi et qui paraissait l'avoir blessé.

„Je ne changerai pas une lettre à ce que j'ai dit, lui répondis-je; mais, si vous y tenez absolument et si nos collègues y consentent, je vais ajouter que vous avez été *poli*."

Le lendemain de cette séance mémorable, le livre des recettes de la ville de Strasbourg s'ouvrit, bien à regret sans doute, pour recevoir le fameux *compte des bœufs*, qui, avec celui des *billets d'entrée à la citadelle*, laissera des traces ineffaçables de l'intervention de M. Flach dans la gérance du patrimoine de notre ville natale.

Comme beaucoup de mes concitoyens, j'ose me permettre de croire que ces comptes auraient tout aussi bien figuré dans les recettes du bureau de bienfaisance auquel, par dignité, M. Humann m'avait invité à transmettre, durant le blocus, tous les dons qui avaient le caractère d'une aumône, tels que les mille couvertures de lits, les mille paires de souliers et les rations de pain données par M. le général Uhrich. Mais M. Flach, devenu adjoint chargé de la comptabilité, se permit par ces deux opérations de mettre à l'arrière-plan la dignité de l'antique cité pour faire rentrer dans la caisse municipale quelques milliers de francs, lui qui, dans une des séances de la Commission des secours, s'était écrié en présence de plusieurs délégués de la Suisse : *Jamais nous n'accepterons un kreutzer de nos ennemis les Allemands!*"

CHAPITRE II.

Mes Regrets.

Il m'est bien pénible d'avoir à raconter de pareilles choses au public; je me serais contenté de la plus petite réparation, mais M. Flach ne l'a pas voulu. A la date du 13 mars et dans un but de réconciliation sincère, je lui écrivis les lignes suivantes :

«Monsieur Flach,

«J'ai appris par M. Altorffer fils que vous déclinez la responsabilité des fausses accusations que l'on a fait peser sur moi vers la fin de mes fonctions administratives.

«Je suis sur le point de livrer à la publicité une réponse à ces incriminations, auxquelles j'opposerai des documents qui me justifieront.

«Avant d'en appeler au jugement du public, j'ai l'honneur de vous demander si vous *attesteriez, comme vous l'avez dit à M. Altorffer*, notre ami commun, que vous n'avez jamais élevé d'accusations contre moi.

«Agréez, etc.»

M. Flach me fit la réponse suivante :

«Strasbourg, 14 mars 1871.

«Monsieur Zopff, en ville.

«La lettre que vous me faites l'honneur de m'adresser est conçue dans des termes trop vagues pour que je puisse y répondre catégoriquement.

«Je ne décline jamais la responsabilité ni de mes actes, ni de mes paroles.

«Quant à de fausses accusations dont parle votre lettre, je n'en ai aucune connaissance, et j'espérais être suffisamment connu de vous pour que vous ne deviez pas me croire capable d'en être l'auteur.

«Agréez, Monsieur, mes salutations.

«G. FLACH.»

Les personnes dignes de foi, et notamment M. Küss, qui m'avaient dit que pas un jour pendant mon absence ne s'était passé sans que M. Flach trouvât, dans les faits de mon administration, dans mes démarches, dans mes propositions, matières à critiquer, en avaient donc menti? Ce n'est donc pas lui qui, dans le but de me nuire, disait perfidement :

„Que j'avais traité la réquisition des 26,500 chemises „de flanelle, dont la municipalité m'avait chargé, *non pas „comme adjoint, mais comme marchand*, donnant ainsi à „entendre que j'avais recherché dans cette opération un „avantage personnel et des bénéfices illicites??

„Que je courais après les grandeurs et que j'étais allé „me pavaner devant les gouvernants à Tours dans le but „de recevoir un bout de ruban rouge?? Qu'il y avait dans „mon administration un désordre indescriptible, etc.?"

Ainsi M. Flach n'avait nulle connaissance de ces diverses accusations??

Je lui adressai une seconde lettre ainsi conçue:

«Strasbourg, 15 mars 1871.

«Monsieur Flach, notaire.

«Je regrette vivement que ma lettre du 13 courant ait été conçue dans des termes trop vagues pour vous permettre d'y répondre *aussi catégoriquement* que vous venez d'en manifester le désir.

«M'en tenant uniquement à la dernière phrase de ma lettre, j'ai l'honneur de vous demander de nouveau si vous seriez disposé à affirmer, ainsi que vous l'avez fait en présence de M. Altorffer, notre ami commun, que vous n'avez jamais élevé d'accusations contre moi?

«Dans le cas contraire, je vous prierai de vouloir bien formuler les reproches que vous auriez à m'adresser, soit comme administrateur, soit comme particulier.

«Agréez, etc.»

Il paraît que M. Flach trouva cette lettre encore plus vague que la première, car il ne daigna pas y répondre.

D'ailleurs, qu'aurait-il pu répondre? Sa réponse, sous quelle forme qu'elle se serait présentée, aurait eu bien certainement pour conclusion les lignes que voici:

„Oui, sans tenir compte ni de l'amitié que vous m'avez „toujours témoignée, ni de votre passé, ni des services „que vous avez constamment cherché à rendre, et, après „vous avoir vainement attaqué de face au sein de la Com-„mission municipale, je vous ai fait endosser des faits qui

„n'étaient pas à votre avantage et qui ont servi de fonde-
„ment aux calomnies dont vous avez été l'objet. Oui, j'ai
„trouvé l'oreille de plusieurs collègues et nous vous avons
„quelque peu blâmé, sous le manteau de la cheminée, sans
„enquête préalable, et sans vous entendre dans vos moyens
„de justification; mais quel mal cela pouvait-il vous faire?
„Un tel blâme ne s'adressait qu'à l'administrateur et non
„point à votre caractère privé. Tout cela est très-naturel
„et n'a pu en aucune façon porter atteinte à votre honora-
„bilité. Pourquoi se fâcher pour si peu? Consolez-vous en
„pensant qu'il en est des *mauvaises qualités* comme des
„*écus*, ceux-là seuls qui en ont beaucoup peuvent en prêter
„aux autres."

M. Flach, qui est légiste, aurait pu me dire aussi quel article du Code pénal pourrait m'être appliqué pour avoir, conformément à l'autorisation de M. le Maire Humann, donnée en date du 10 septembre 1870, emporté la copie des documents capables de justifier, en cas de besoin, les actes de mon administration. Je m'estime heureux de posséder ces documents et suis certain que mes détracteurs auront quelque plaisir à les parcourir. La plupart de mes adversaires, je me plais à le déclarer ici, ont totalement modifié leurs sentiments à mon égard, les plus acharnés même ont été mieux inspirés que M. Flach et m'ont donné, soit verbalement, soit par écrit, satisfaction pleine et entière. A l'un d'eux, qui m'avait très-sérieusement blessé, je pus écrire à la date du 10 avril les lignes suivantes :

«Monsieur O.... A...., en ville.

«Des termes de la lettre que vous m'avez fait l'honneur de m'écrire et de vos déclarations verbales de ce matin ressort la conclusion que *les seules causes* de l'attitude hostile de plusieurs de mes anciens collègues ont été :

« Ma protestation au sein de la Commission municipale contre M. Küss et les membres de ladite Commission qui ont cru devoir assister au *Te Deum*, célébré à l'église Saint-Thomas par les autorités prussiennes à l'occasion de la reddition de la ville ;

« Ma mésintelligence avec quelques-uns des directeurs du Comité de secours de Bâle pour les Strasbourgeois.

« Je me plais à rendre hommage à la franchise de vos déclarations et vous suis bien sincèrement reconnaissant de ce que, par ces déclarations, vous m'ayez déchargé d'une lutte fatigante et ennuyeuse contre les inventions absurdes des mauvaises langues qui avaient attribué ma démission d'adjoint au Maire à des causes toutes autres que celles qui m'avaient déterminé à la donner.

« Agréez, etc. »

CHAPITRE III.

Réquisition de 26,500 Chemises de flanelle.

Mes procédés en cette circonstance, au dire d'un de mes collègues, ont été, non ceux d'un adjoint, mais d'un *marchand*.

Mes attributions municipales, créées successivement par suite des événements, étaient les suivantes :

> *Alimentation;*
> *Abris à établir pour les victimes du bombardement;*
> *Ambulances;*

Ateliers communaux;
Assistance publique en général.

Avant de faire exécuter une mesure quelconque, et dans le but d'atténuer autant que possible la lourde responsabilité qui pesait sur moi, je la soumettais soit à mes collègues réunis en Conseil d'administration, soit à l'une des Commissions spéciales formées au sein de la Commission municipale. (Voir *Registre des délibérations du Conseil d'administration.*)

Je croyais avoir assez convenablement rempli ces différentes fonctions administratives, car jusqu'au jour néfaste du *Te Deum* de Saint-Thomas, j'étais demeuré en parfait accord avec tous mes collègues. (Voir même registre.)

La Commission municipale elle-même, dans sa séance du 22 septembre, avait déclaré à l'unanimité que, depuis le commencement du blocus, j'avais rendu de grands services, et émit le vote formel que j'avais bien mérité de la ville de Strasbourg et de ses habitants.

M. Eissen, un de mes jeunes collègues, était chargé, si je ne me trompe, du *Service des réquisitions et des logements militaires;* mais quoique cette réquisition de chemises de laine dont le Maire venait de me charger fût en dehors de mes attributions, je crus cependant devoir l'accepter. Je savais que les fournitures de ce genre faites à nos soldats et aux gardes mobiles partant pour la captivité avaient complétement épuisé les magasins. M. Küss et moi nous résolûmes en conséquence de faire ressortir aux yeux des autorités allemandes l'impossibilité absolue dans laquelle nous nous trouvions de satisfaire à cette grosse exigence, et après avoir fait acheter toutes les chemises de flanelle encore disponibles en ville, j'adressai au Maire le rapport suivant :

« Strasbourg, le 4 Octobre 1870.

« Monsieur le Maire,

« Conformément à vos instructions je me suis appliqué à trouver les moyens de donner satisfaction aux demandes qui vous ont été adressées :

« 1º Par son Exc. M. le général de Werder relativement à la réquisition de 25,000 chemises de laine (lettre du 1er octobre);

« 2º Par M. le Préfet du Bas-Rhin relativement à 1500 chemises.

« J'ai trouvé à Strasbourg un total de 162 douzaines de chemises qui pourront être livrées aujourd'hui même. Pour ce qui reste à fournir j'ai reçu les offres suivantes :

« MM. Franck pourraient livrer 288 chemises par semaine, à partir de la semaine prochaine, et M. Daum 2000 pièces par semaine. Il faudrait, pour faciliter à ce dernier les moyens de fabrication, évacuer d'abord son atelier de la rue du Bouclier occupé par des soldats et lui donner un sauf-conduit pour lui, son personnel, ses chevaux et voitures afin qu'il puisse se rendre à Herrlisheim, pour y reconstituer ses ateliers. Il faudrait en outre lui procurer la facilité de se rendre soit à Reims, soit dans quelque autre ville manufacturière pour y acheter les flanelles qui, comme les chemises, manquent totalement sur place.

« Des marchands étrangers, fournisseurs de l'armée d'occupation, m'ont fait des offres, mais les uns refusent de s'engager, et les autres exigent des prix trop élevés.

« Agréez, etc. »

La Société Jacob Maas, Lefo, Schnadi et Marschall de Mannheim, formée ad hoc, consent seule à fournir pour le délai fixé, mais exige 10 fr., soit 265,000 fr. pour la fourniture totale. (Voir Acte d'engagement.)

Je remis ce rapport à M. Küss, en présence du général de Werder qui, par une singulière coïncidence, se trouvait en ce moment dans son cabinet. Je fis remarquer au général, qu'en réquisitionnant même les chemises du prix le plus élevé qui se trouvaient encore dans les magasins de la ville, je n'arrivais qu'au chiffre de 2000, et qu'il était absolument impossible d'en livrer davantage, sans passer sous les fourches caudines d'avides spéculateurs.

M. de Werder, après avoir pris connaissance des documents que j'avais pu réunir, consentit à réduire sa réquisition à 5000 chemises, dont 2000 à livrer immédiatement et les autres 3000 à la date du 10 octobre. Il ne fut pas facile de réunir la première livraison, car les 130 douzaines promises par MM. Blum frères étaient encore encavées avec les autres marchandises de leur magasin, et afin de les obtenir à terme fixé, M. le Maire crut devoir adresser à ces Messieurs la lettre suivante :

«Strasbourg, le 6 Octobre 1870.

« MM. Blum frères, Négociants en Ville.

« J'ai le regret de vous prévenir que si vous n'avez pas livré *avant ce soir* 1333 chemises de flanelle à-compte des 130 douzaines à raison de 5 fr. 75 c. que vous avez, par note en date du 3 courant, promis de fournir le lendemain, vous me mettrez dans la pénible nécessité de sévir contre vous militairement et de placer chez vous cinquante garnissaires jusqu'à ce que vous ayez livré les marchandises requises.

« Recevez, etc.

« *Signé:* Le Maire Küss. »

Les autres 3000 chemises furent commandées par moi à M. Hirsch, de Mannheim, qui m'adressa le lendemain le refus suivant :

« Sr. Wohlg. Hrn. Adjunkt Zopff.

« Nach den mit Ihnen gehabten Besprechungen, bedaure Ihnen sagen zu müssen, dass es mir nicht mœglich ist, gewünschte 3000 Stück Flanellhemden in der von Ihnen festgesetzten Frist liefern zu kœnnen, da die Verkehrswege noch nicht derart sind, um die Hemden so rasch hierher zu bringen.

« MAYER HIRSCH, de Mannheim.

« Strassburg, 7 Octobre 1870. »

La ville allait être frappée d'une très-forte contribution de guerre, car personne ne voulait ou ne pouvait fournir. M. Küss, en menaçant MM. Blum frères, leur avait déclaré „qu'il préférait causer leur perte plutôt que d'exposer la „Ville."

Le danger était imminent. Je partis aussitôt pour Rastatt, où je chargeais un de mes parents d'acheter, n'importe où, les 3000 chemises manquantes. Il m'expédia de Francfort un télégramme ainsi conçu :

« *Grossherzogliche badische Telegraphen Verwaltung.*

« Kehl von Francfort.

« TELEGRAMM :

« *Zopff, Adjunkt Strassburg.* — *Bote Kehl.*

« Angekauft ganzen Vorrath, 1500 Stück à sieben Franken, Rest wære Sonntags zu erhalten.

« Rücktelegramm Adr : *Friedrich Fischer Francfort.*

« ZOPFF. »

A force d'instances je parvins à obtenir de MM. Blum frères les 1500 chemises encore nécessaires.

J'aime à croire que ce simple exposé des faits démontrera clairement, qu'au lieu d'avoir recherché dans cette circonstance un avantage personnel, comme mes détracteurs l'avaient insinué, je m'étais efforcé autant que possible d'atténuer une charge si onéreuse pour la caisse municipale, et que mon intervention dans cette affaire a eu pour résultat incontestable de réduire cette réquisition de 265,000 fr. qu'elle aurait coûtée à la Ville, à 35,000 fr. environ.

Qu'on ne vienne donc pas affirmer que, comme administrateur, j'ai encouru le blâme de mes collègues; car, je le répète, je n'aurais jamais accepté une censure aussi peu méritée.

CHAPITRE IV.

Historique de la création du Comité de la Douane.

Jusqu'à mon départ pour Tours, M. Küss m'avait sans cesse témoigné une grande confiance. Pour toutes les affaires qui n'étaient pas du ressort des Commissions spéciales dont dépendait mon service, j'avais le plus souvent avec lui des conférences particulières. Les instructions et les conseils de M. Küss étaient toujours brefs, concis et clairs : il n'y avait rien à en retrancher, rien à y ajouter. J'aimais les exécuter à la lettre.

C'est ainsi que le lendemain du jour qui vit flotter le drapeau blanc du haut de la Cathédrale, M. le Maire me fit appeler de bon matin dans son cabinet :

— J'allais vous écrire, me dit-il; je pars avec M. Bœrsch

pour Mundolsheim, et je vous confie la Ville. La journée sera rude, mais vous avez du calme et de l'énergie; faites que tout se passe paisiblement."

L'immense responsabilité qui allait peser sur moi fit perler la sueur sur mon front et une émotion indescriptible me secoua jusqu'à la moëlle des os.

„Comment allez vous faire?" ajouta M. Küss.

„J'ordonnerai le désarmement de la garde nationale et la fermeture des lieux publics."

„C'est bien", répondit M. Küss. Puis il me fit en partant cette dernière recommandation : „N'oubliez pas de faire la conduite au général Uhrich et à l'armée."

Le rappel fut battu, la garde nationale déposa ses armes, tous les établissements publics furent fermés, et à onze heures, sur les glacis de la porte Nationale, je fis, au nom de la Ville, les adieux à la garnison française emmenée captive en Allemagne.

C'était vraiment une affreuse journée, et certes je ne souhaiterais pas même à mon plus mortel ennemi d'être jamais accablé d'aussi poignantes émotions. Tout se passa heureusement avec un certain calme, et un prisonnier français, fusillé pour avoir attaqué un soldat allemand, fut la seule victime pendant cette triste journée.

Le 29 septembre M. Küss me demanda quelles mesures j'avais prises pour faire évacuer les restaurants où, durant le blocus, la population indigente avait été entretenue aux frais de la Ville et de quelle manière j'entendais organiser les secours à domicile.

Je lui répondis que M. Humann et ses anciens adjoints s'étaient déjà préoccupés de cette grave question au moment même de l'ouverture de ces restaurants, et que nous avions décidé d'une part que le Bureau de bienfaisance et les hospices se chargeraient de leurs pensionnaires ordinaires; d'autre part le Conseil des Prud'hommes serait invité à former, de concert avec d'autres personnes choisies dans les différents quartiers de la ville, un grand *Comité de secours à domicile*, chargé en même temps de rechercher les moyens de procurer du travail aux ouvriers inoccupés. J'ajoutai que le 9 septembre le Conseil des Prud'hommes, sur l'invitation de son président, m'avait prié d'assister à la séance où, après une discussion approfondie, il fut résolu de faire un appel aux chefs d'industries ou d'ateliers, ainsi qu'aux ouvriers de bonne volonté pour seconder le Conseil dans l'organisation de cette œuvre si urgente, et que celle-ci devait se trouver toute prête à fonctionner régulièrement.

M. Küss fut fort surpris de cette communication; mais quel ne fut pas mon étonnement, lorsqu'il me dit que M. André lui-même, en compagnie de M. Momy, notaire, avait soumis à son approbation la liste d'un Comité composé de MM. Momy, André, Petiti fils, Ehrmann et Ungemach?

Nous nous demandâmes quels motifs avaient pu déterminer M. André à procéder contrairement à ce qui, dès les premiers jours de septembre, avait été convenu entre l'Administration municipale et le Conseil des Prud'hommes, qu'il avait légalement représenté en sa qualité de président? (Voir *Délibérations du Conseil d'administration municipale* et *Procès-verbaux du Conseil des Prud'hommes.*)

Notre résolution fut bientôt prise.

„L'idée de M. Humann est la seule pratique, dit M. Küss,

ce Comité de cinq membres ne saurait suffire à sa tâche. Arrangez-moi cela, mais ne cassez pas les vitres, car ma signature se trouve engagée."

(Le document qui constituait le *Comité des Cinq* avait été approuvé et signé *au crayon* par M. Küss.)

Je me rendis auprès de ces Messieurs, qui s'étaient déjà installés dans un des pavillons de la Douane; là MM. Momy et André me déclarèrent qu'ils entendaient former un Comité autonome, n'ayant aucune attache municipale, l'Administration n'ayant rien à voir dans leurs affaires.

Je les quittai sans avoir pu m'entendre entièrement avec eux; mais comme avant tout je tenais à atteindre le but formellement convenu avec M. Küss, j'allai solliciter le concours du *Comité du Miroir*, dont je faisais partie.

M. Wolff, membre de la Commission municipale, convoqua pour le lendemain une réunion de notabilités des différents quartiers de la ville, ainsi que MM. André et Momy; dans cette réunion le Comité de secours fut définitivement formé, mais au lieu de cinq membres, il en comptait une trentaine, et M. Küss en accepta la présidence d'honneur.

Tout cela se passa sans froisser personne; on ne s'était pas même douté que j'eusse été pour quelque chose dans cette transformation.

De ce moment j'eus soin de transmettre au Comité de la Douane tous les dons qui m'étaient adressés personnellement ou qui étaient envoyés à la Mairie. Je mis successivement en relations avec lui M. Molck, pharmacien, qui avait accepté l'administration générale des restaurants de la Halle et de l'école du Fossé-des-Tanneurs; Miss Barton, dame américaine et ses compagnes, chargées par Mme la grande-duchesse de Bade d'organiser des distributions de secours en nature, principalement aux familles des victimes du bombardement et à celles des prisonniers de guerre; M. Schenck de Schweinsberg, chevalier de Saint-Jean, qui s'était offert avec beaucoup de dévouement comme intermédiaire entre le Comité de secours et les Autorités allemandes, et qui m'avait promis, dès notre première entrevue, d'obtenir pour les pauvres les farines et les autres aliments provenant de l'administration française.

Entre la cessation de l'assistance municipale proprement dite et le fonctionnement du Comité de secours de la Douane s'écoulèrent plusieurs jours pendant lesquels une foule considérable de solliciteurs complétement dépourvus de moyens d'existence et poussés par la faim, affluèrent à mon bureau: il fallait aviser. Il était également urgent de recueillir et de loger les dernières familles qui, durant le siége, avaient trouvé un abri sur le chemin de halage du canal, car la température était devenue pluvieuse et les nuits bien froides.

Le général Uhrich, avant de quitter Strasbourg, avait remis une somme de 1000 fr. entre les mains du Maire; je la distribuai aux réfugiés polonais qui avaient exposé leur détresse dans une pétition adressée à M. Küss; je touchai moi-même de la caisse municipale environ 2000 fr. qui furent distribués pour faire face aux exigences les plus impérieuses jusqu'au jour où je serais relevé de mes fonctions — lorsqu'un événement heureux et imprévu, mais qui a été le point de départ de bien des calomnies, me retint à mon poste.

CHAPITRE V.

**Reprise du travail dans la Manufacture de Tabacs.
Tentatives faites dans le but de conserver cette importante
industrie à Strasbourg.**

Dès le commencement du blocus, l'administration des tabacs cessa son travail, tout en continuant de payer aux employés et aux ouvriers leurs appointements; mais par suite de l'occupation de la ville par les Allemands, le chômage de cette industrie menaçait de devenir définitif. Cette éventualité me préoccupait vivement depuis le 5 septembre, lorsque M. Henry appelait l'attention de la Commission municipale sur cette grave question, qui pouvait ruiner et affamer un nombre très-considérable de familles ouvrières. Cette prévision d'un chômage définitif à l'approche de l'hiver devait nécessairement appeler la discussion sur des mesures urgentes.

Dans ce but je me mis en relations avec plusieurs fonctionnaires de l'administration des tabacs, avec des capitalistes et des financiers, ensuite avec des représentants de l'administration supérieure allemande, auxquels je parvins à faire comprendre la grandeur de la misère dont allait être frappé un des plus populeux quartiers de la ville. On me conseilla d'adresser une supplique en faveur des ouvriers de la Manufacture au roi de Prusse, en ce moment à Versailles. Chacun comprendra que cette démarche était impossible.

Cette situation critique amena de longs pourparlers entre M. Küss et moi, et après lui avoir fait part des résolutions proposées dans une réunion des débitants de tabacs de la ville que j'avais provoquée et qui eut pour suite la formation d'un syndicat, je mis M. Küss en rapport avec M. Schaller, ingénieur de la Manufacture, auquel je remis de sa part la lettre suivante :

Cabinet
du
MAIRE

« Strasbourg, le 10 octobre 1870.

« Mon cher M. Schaller,

« Veuillez m'accorder la faveur d'un entretien sur des questions de votre compétence. Il s'agit de l'avenir de la fabrication des tabacs à Strasbourg.

« Comme mes fonctions m'attachent encore à la Mairie que je ne crois pas pouvoir quitter en ce moment, vous me ferez bien, n'est-ce-pas, le plaisir d'y passer bientôt? J'y serai toute la journée, excepté de midi à deux heures.

« Votre dévoué Küss. »

En même temps j'eus l'occasion d'intéresser au sort des ouvriers de la Manufacture S. A. R. Mme la grande-duchesse de Bade, qui était venue incognito et en qualité de membre de la *Société de secours aux blessés*, visiter les ambulances de Strasbourg, et qu'en l'absence de M. Kablé, vice-président du Comité auxiliaire de Strasbourg, j'avais eu l'honneur de recevoir comme secrétaire de ce Comité.

Mme la grande-duchesse promit de s'en occuper, et quelques jours après, M. de Sternberg, secrétaire du grand-duc de Bade, vint m'annoncer que le travail allait être repris le lendemain à la Manufacture.

Deux réunions de financiers et de capitalistes eurent lieu successivement, dans le but de racheter la Manufacture si on devait la mettre en adjudication comme il en avait été question à diverses reprises, et de conserver intacte et sans la dénaturer cette importante industrie dans notre cité, pour pouvoir la restituer plus tard à la France au prix d'achat, quand notre malheureuse patrie aurait repris possession de l'Alsace.

Je fus chargé de me rendre à Tours pour obtenir du Gouvernement de la Défense nationale l'autorisation de prendre part à cette adjudication, et, après avoir reçu de M. le Maire un congé en règle, je partis pour Bâle dans l'espoir d'obtenir du général Uhrich, qui y résidait en ce moment, une lettre d'introduction pour l'un des membres du Gouvernement.

Naturellement peu de personnes étaient initiées dans le secret de ces différentes démarches, au sujet desquelles il me fut facile de donner le change à certains indiscrets qui, m'ayant vu en société avec Mme la grande-duchesse de Bade, ne se sont pas fait faute de me taxer d'ambitieux, de courtisan flairant les honneurs et les richesses! A ces mêmes personnes il n'en coûtait pas plus de raconter à qui voulait l'entendre que j'allais à Tours pour faire parade de mon civisme auprès du Gouvernement, dans l'espoir d'obtenir soit un bout de ruban rouge, soit un emploi très-lucratif qui me permît de rester en France!?

Mais qu'importe, j'ai atteint mon but, en majeure partie

du moins, et je puis assurer à tous mes détracteurs que les résultats obtenus ont largement compensé les ennuis que m'ont causés leurs absurdes insinuations.

Je regrette profondément de ne pas pouvoir publier ici l'un des documents dont j'étais porteur pour le Gouvernement français; car je voudrais appeler la reconnaissance publique sur ceux de nos concitoyens qui s'étaient engagés, au prix des plus grands sacrifices, à sauver la Manufacture de tabacs et à conserver leur gagne-pain à plus de douze cents ouvriers et ouvrières, menacés de la plus affreuse misère à l'approche de l'hiver.

Si de certaines personnes n'éprouvaient une sainte horreur à franchir le seuil du *Casino commercial et littéraire*, ils pourraient y rencontrer plusieurs de ces bons citoyens, et tout en leur demandant des renseignements sur cette conception patriotique, ils auraient pu apprécier leur noble dévouement, ce qui aurait probablement empêché mes adversaires de remplir le rôle de *Basiles* envers des concitoyens qu'ils auraient beaucoup mieux fait d'imiter et de seconder.

CHAPITRE VI.

Incident de voyage. — La Ligue du Midi et l'arrestation du général Barral.

J'avais quitté Strasbourg le 21 octobre avec l'espoir de pouvoir être de retour dans une quinzaine de jours, comme cela avait été convenu avec M. Küss; mais je m'étais trompé dans mes prévisions. En ces temps de guerre et d'interruption de toutes les voies de communication l'on sait bien quand l'on part, mais on ne sait jamais quand on reviendra.

La défection du maréchal Bazaine à Metz avait fait bondir d'indignation la France entière; la *Ligue du Midi* cherchait à établir sa domination dans les villes du Sud; on arrêtait, on emprisonnait généraux et fonctionnaires; les accusations de trahison étaient à l'ordre du jour; le drapeau rouge flottait de nouveau à Lyon et la ville de Marseille était en pleine insurrection.

Le consul de Genève, privé depuis plusieurs jours de sa correspondance, ne savait pas si le Gouvernement était resté à Tours ou s'il avait été déjà transféré à Bordeaux, et il n'osait pas conseiller aux voyageurs de franchir la frontière suisse.

Mon compagnon de voyage, M. de L........, m'engagea à l'accompagner à Grenoble pour y attendre la fin de la tourmente; un télégramme nous avait appris que dans cette dernière ville régnait la plus profonde tranquillité; nous y arrivâmes le 30 octobre.

C'était le soir. Une foule agitée encombrait les rues, la garde nationale bivouaquait sur les places, les édifices publics étaient militairement occupés, les exaltés en grande partie maîtres de la ville; le Maire, vénérable vieillard, avait été indignement maltraité, le général Barral emprisonné et la Commission municipale, entourée de baïonnettes, siégeait en permanence.

Le *Moniteur universel* du 10 novembre 1870 relate cet événement de la manière suivante :

« A Grenoble, le dimanche soir, le général de la Division, M. Barral, qui a commandé à Strasbourg, a été appréhendé dans son hôtel par une troupe de furieux, qui sortait d'un club; sa vie courut le plus grand danger; une vingtaine de courageux gardes nationaux parvinrent à le sauver, mais ne purent empêcher qu'il ne fût jeté en prison, où il est encore. »

Un ami qui nous mit au courant de la situation m'apprit qu'un de mes correspondants, membre influent de la Commission municipale et ardent républicain, avait pris une attitude hostile dans l'affaire du général Barral, qu'on accusait d'avoir trahi à Strasbourg et d'avoir quitté furtivement la ville sous un déguisement, de peur d'être mis en pièces par la population irritée! C'était là un odieux mensonge! Sans prendre le temps de réfléchir aux conséquences d'une intervention en faveur du brave général, je me rendis chez mon correspondant, M. P., que je trouvai en compagnie de plusieurs membres de la *Société républicaine*.

Après avoir raconté à ces Messieurs comment les choses s'étaient passées à Strasbourg et énergiquement fait ressortir la vaillante conduite du général si injustement outragé, nous nous rendîmes ensemble auprès des autorités supérieures, qui remirent immédiatement le prisonnier en liberté, et M. Barral, au lieu de partir pour Tours sous l'escorte de la gendarmerie, quitta Grenoble en compagnie des notabilités de la ville, qui lui rendirent les honneurs dus à son rang. Cet épisode eut pour conséquence de calmer l'effervescence du club; son chef, le fameux Frappas, perdit toute influence et fut forcé de quitter la ville.

Je fus présenté par le Maire de Grenoble à la Commission municipale, qui m'exprima ses félicitations au sujet de ma démarche, et M. Marion, Commissaire de la Défense nationale, me remit une lettre de recommandation pour M. Crémieux, qui devait m'obtenir une audience des Ministres.

CHAPITRE VII.

Démarches auprès du Gouvernement de la Défense nationale.

Si je n'avais pas été accusé d'être allé *me pavaner* devant le Gouvernement en *exhibant certain parchemin mis sous verre et accroché dans ma chambre depuis le 17 octobre*, je me serais bien gardé de publier la lettre d'introduction du général Uhrich, assurément beaucoup trop élogieuse, qui m'a été rendue par M. Glais-Bizoin et que je conserverai en souvenir du soldat généreux qui sut épargner à notre chère ville natale, par sa résignation en temps opportun, les horreurs d'un assaut, dont l'avaient menacé les généraux ennemis.

Voici cette lettre :

« Bâle, le 23 Octobre 1870.

«Monsieur le Ministre,

« Veuillez me permettre de servir d'introducteur près de votre personne à M. Zopff, adjoint au Maire de Strasbourg, qui désire présenter au Gouvernement un projet qui intéresse à la fois les finances de l'État et celles de la Ville.

« M. Zopff a été dans les circonstances difficiles où nous nous sommes trouvés pendant le siége de Strasbourg, un des hommes les plus utiles et les plus dévoués, soit au maintien de l'ordre, soit à l'établissement des ambulances pour les blessés, soit enfin à la création et à la répartition des secours aux nécessiteux et aux incendiés.

« La grande influence qu'il devait à sa capacité, à son honnêteté et à ses opinions toutes républicaines, a toujours été employée par lui dans un but d'intérêt général.

« Oserais-je vous prier, M. le Ministre, de l'entendre avec votre bienveillance habituelle. Je ne préjuge rien de la valeur de sa proposition, mon incompétence en pareilles matières est trop réelle, mais j'ai l'honneur de vous affirmer que M. Zopff mérite, à tous égards, la grande position qu'il occupe dans l'estime publique à Strasbourg.

« Veuillez agréer, Monsieur le Ministre, l'assurance de mon profond respect.

« Le général de division UHRICH. »

M. Glais-Bizoin et M. Crémieux consentirent à m'entendre ; ils approuvèrent ma proposition. M. Gambetta, auquel j'eus l'honneur de parler incidemment du but que je voulais atteindre, me donna par écrit l'adhésion suivante :

« Je crois qu'il y a une grande utilité et pour le pays et pour la ville de Strasbourg, à autoriser pour la durée de l'occupation un contrat analogue à celui proposé, en prenant toutes mesures conservatoires pour que l'État puisse rentrer, à l'issue de la guerre, en possession de la Manufacture de tabacs sans contestation ni déficit.

« L. GAMBETTA. »

Personne n'avait songé qu'en approuvant le projet en question on s'exposait à enfreindre un décret qui venait d'être rendu dans le but de sauvegarder les forêts et les domaines de l'État, et qui *punissait de mort* les acquéreurs des biens confisqués et mis en vente par l'ennemi.

Le Conseil des finances voulut bien me consacrer deux

séances consécutives, à l'une desquelles le Ministre crut devoir assister. Le Conseil n'admit pas mes propositions, et l'extrait suivant du registre de ses délibérations démontre que des considérations d'un ordre supérieur avaient seules pu déterminer le rejet de ma proposition.

MINISTÈRE DES FINANCES

Direction générale
de la
COMPTABILITÉ PUBLIQUE

Conseil des finances.

Séance du 7 Novembre 1870.

M. Zopff, adjoint au Maire de Strasbourg, est introduit. Il expose que les autorités prussiennes qui gouvernent cette malheureuse ville, ont manifesté l'intention de mettre en adjudication la Manufacture des tabacs, l'outillage et les matières qu'elle renferme, qu'il est venu à la connaissance des Strasbourgeois que plusieurs sociétés se sont constituées en Allemagne dans l'intention de concourir à cette adjudication, que déjà de grandes quantités de tabacs en feuilles appartenant au Gouvernement français et provenant des magasins de Haguenau et de Benfeld ont été vendues par les autorités prussiennes et transportées par les acquéreurs en Allemagne; que l'interruption des travaux laisserait sans ressources une population de six mille personnes dont se composent les familles des ouvriers de la Manufacture des tabacs; qu'en présence de cette éventualité une Société française s'est constituée avec l'intention de concourir à cette adjudication et d'écarter les acheteurs allemands. Qu'elle se propose, par ce moyen, de fournir du travail à la population ouvrière si cruellement éprouvée par le siége et de conserver à la ville de Strasbourg une industrie qui s'y exerce depuis longtemps. Que cette Société se propose en outre de venir en aide aux planteurs de l'Alsace par l'acquisition des tabacs de la récolte de 1870. Mais la Société dont il s'agit ne saurait donner suite à son projet sans l'assentiment du Gouvernement français qui s'engagerait au préalable à lui restituer le montant de ses débours lorsque la France reprendrait possession de la Manufacture.

M. Zopff ajoute que M. Schaller, ingénieur de la Manufacture, demande à être mis en congé illimité par son administration et à être autorisé à prêter son concours au projet ci-dessus, ainsi qu'il résulte d'une lettre de cet ingénieur qui est communiquée à l'un des membres du Conseil.

M. Zopff entendu, le Conseil, à l'unanimité :

«Considérant que l'achat par des Français avec l'autorisation expresse ou tacite du Gouvernement, d'une propriété appartenant à la France, sur la mise en adjudication annoncée par les autorités prussiennes, ne pourrait être considérée que comme un achat, par personne interposée, de sa propre chose; que dans ces conditions, l'acquisition d'immeubles et de matières appartenant à la France et dont elle a été spoliée par l'ennemi constituerait une sorte de reconnaissance du droit de conquête que la Prusse entend s'arroger; qu'à ce point de vue et quelles que soient les sympathies qu'éveille la population ouvrière de Strasbourg, on ne saurait transiger avec ce principe d'honneur national;

« Considérant, en outre, qu'il résulte de la lettre de M. Schaller, que la fabrication a repris le 18 Octobre, qu'il y a tout lieu d'espérer que l'adjudication, si elle était tentée, échouera, soit parce qu'aucun citoyen ne donnera le triste spectacle d'un Français prenant part à l'adjudication d'un bien appartenant à la France, soit parce que l'acquisition de la Manufacture par des étrangers serait impossible puisque le Gouvernement prussien ne saurait leur en garantir la paisible jouissance;

« Que, même dans ce cas, il y a tout lieu d'espérer que la fabrication se continuerait à Strasbourg, même par suite des difficultés que présenterait l'évacuation des moteurs et outillages sur l'Allemagne;

« Est d'avis qu'il n'y a pas lieu de donner suite au projet soumis par M. Zopff.

« Mais qu'il y aurait lieu d'appeler l'attention du Gouvernement sur la situation digne d'intérêt de la population de Strasbourg, si, après avoir courageusement subi les horreurs d'un siège et les souffrances de l'occupation par l'ennemi, elle se trouvait privée de toutes ressources par suite de l'interruption des travaux de la Manufacture.

« Ont signé :

« De Roussy, Roy, Des Moustier, Favrot.

« *Pour extrait conforme :*
« Le Secrétaire du Conseil. »

La discussion relative à ma proposition étant close, je profitai de ma présence au sein du Conseil des finances pour lui exposer la triste situation dans laquelle se trouvaient les rentiers et les pensionnaires de l'État qui habitaient les provinces envahies, particulièrement l'Alsace. Je fis ressortir que, dès les premiers jours de septembre, des personnes habituées à une aisance relative étaient dépourvues de toutes ressources et sur le point d'être forcées de recourir à l'assistance publique. Je proposai de payer les arrérages qui leur étaient dus sur la simple présentation des titres, ce qui fut adopté, après mûre délibération, ainsi que le constatent une Note insérée dans le *Moniteur universel* du 14 novembre et le document ci-après :

MINISTÈRE DES FINANCES

Direction générale
de la
COMPTABILITÉ PUBLIQUE

« Tours, le 10 Novembre 1870.

« Monsieur Zopff,

« Des instructions ont été transmises à tous les receveurs des finances pour qu'ils aient à payer, *sur présentation de titres,* les titulaires de rentes ou pensions, quel que soit le département dans lequel les pensionnaires et rentiers sont inscrits.

« Pour obtenir le paiement des arrérages qui leur sont dus, il suffira donc aux habitants de Strasbourg de faire présenter leurs titres de rentes ou de pensions à la recette des finances de Mulhouse ou celle de tout autre arrondissement financier dans lequel le service fonctionne régulièrement.

« Recevez, Monsieur, l'assurance de ma considération distinguée.

« Le Directeur général délégué. »

De retour à Strasbourg, j'engageai M. Küss et mes collègues, réunis avec lui ce jour-là à la Mairie, d'organiser sans retard un service de trésorerie local. Ils me refusèrent leur concours, et c'est de la Suisse, où je m'étais retiré, que je repris cette affaire avec M. Klose, banquier, ainsi que le constate la lettre qui suit :

« Strasbourg, le 8 décembre 1870.

« Monsieur A. Zopff, Zurich.

« En réponse à votre honorée lettre du 6 décembre, je dois vous dire que je me suis occupé depuis quelque temps déjà des mesures à prendre pour faire toucher aux rentiers et aux pensionnaires du département, les arrérages qui leur sont dus par le Gouvernement français.

« J'ai obtenu l'autorisation d'organiser un *Service de Trésorerie* dans mes bureaux.

« Je n'attends que les instructions du trésorier-payeur de Lyon pour en informer les intéressés par la voie des journaux.

« Je vous suis néanmoins très-obligé, Monsieur, de la communication que vous avez bien voulu me faire et vous prie d'agréer l'assurance de ma considération distinguée.

« Ed. Klose »

« P. S. C'est néanmoins votre bonne idée qui a germé ici, vous avez parlé de ce projet à M. B.... A.... qui me l'a communiqué. Je l'ai de suite approuvé et j'ai vu les services réels que nous pourrions rendre à cette classe nombreuse et intéressante de rentiers et de pensionnaires.

« Toutes nos mesures sont prises auprès des autorités d'ici et de la Trésorerie générale de Lyon. »

Avant mon départ de Tours, pour me couvrir vis-à-vis des personnes qui m'avaient chargé de cette démarche auprès du Gouvernement français, et en même temps dans le but de témoigner à la population de Strasbourg que la France n'épargnerait rien pour lui venir immédiatement en aide, M. le Ministre Crémieux me fit appeler pour me remettre le document suivant :

MINISTÈRE DE LA JUSTICE

CABINET
DU
GARDE DES SCEAUX

« Tours, le 15 Novembre 1870.

« A M. Zopff.

« Le Gouvernement me charge de répondre à votre demande et à vos observations.

« Deux résolutions importantes étaient sollicitées par vous; sur la première nous avons le plus vif regret de ne pouvoir accueillir votre demande.

« Ce n'est pas, Monsieur, que le Gouvernement n'ait été fort touché du désintéressement et du patriotique esprit qui vous a dicté la pensée que vous nous exprimez. Vouloir racheter, quel qu'en soit le prix, la Manufacture des tabacs, tout ce qui en fait partie, les marchandises qu'elle renferme, tout ce qu'elle peut encore produire, pour faire rentrer en des mains françaises cet important établissement, sur lequel pèse aujourd'hui la main-mise prussienne; faire cette importante acquisition pour la restituer à la France, au prix de revient, le jour où la France reprendra la possession de cette chère et glorieuse Alsace, momentanément envahie, c'est, Monsieur, un projet auquel en lui-même nous ne pourrions qu'applaudir. Mais le service même que vous croyez rendre au pays ne peut recevoir notre adhésion. C'est à la Prusse, sur une adjudication prussienne, de l'autorité prussienne que l'achat aurait lieu; ce serait donc une reconnaissance de ce droit que l'ennemi s'arroge de disposer en maître.

« Il ne faut pas que des Français, quelles que puissent être les conséquences de cette odieuse occupation, puissent laisser croire qu'ils l'ont reconnue; la soumission au fait, Monsieur, serait ici une reconnaissance du droit. Nous n'avons pas besoin de vous dire que nous savons fort bien que des citoyens de notre Strasbourg ne peuvent avoir une pareille idée.

« Quant aux misères de vos infortunés compatriotes, ne craignez pas, Monsieur, de nous en tracer le douloureux tableau. Faites-nous connaître, dans tous leurs détails, leurs besoins et leurs souffrances. Non! nous ne souffrirons pas que la générosité prussienne affecte de s'offrir; ce devoir nous appartient et chacun en France, sans avoir besoin d'y être excité par le Gouvernement, se fera un devoir de venir en aide à ce désastre.

« Faites-nous savoir par une déclaration de votre Conseil municipal quelles mesures Strasbourg réclame, notre réponse et la réponse de la France sont prêtes et réaliseront vos espérances.

« Recevez, Monsieur, l'expression de nos sentiments fraternellement dévoués.

« *Au nom du Gouvernement de la Défense nationale,*

Le Garde des Sceaux, Ministre de la Justice,
Membre et Représentant du Gouvernement,
AD. CRÉMIEUX.

CHAPITRE VIII.

Une Lettre aux Allemands.

A Tours, M. de L...... et moi nous passions nos soirées ensemble à l'hôtel, le plus souvent avec quelques amis et connaissances. Nos entretiens traitaient naturellement de nos affaires et des événements du jour.

J'avais raconté dans tous ses détails un long entretien avec M. Gambetta, dans lequel il fut question du général Barral et de son arrestation, de la *Ligue du Midi* et de ses tentatives révolutionnaires à Marseille et à Grenoble, de la possibilité de faire des élections en Alsace et de la probabilité de l'armistice projeté.

A ma grande surprise, M. Gambetta paraissait parfaitement renseigné sur tout ce qui s'était passé à Strasbourg pendant et après le siége; il connaissait la situation respective des partis, les choses et les hommes. Il regrettait l'attitude hostile que la Commission municipale avait cru devoir prendre à l'égard de M. Engelhardt, qui, affirmait-il, était devenu un des plus actifs fonctionnaires de la jeune République, et qui, placé à la tête d'un département monarchiste, avait su s'y faire obéir et respecter, et était parvenu à faire partir les premiers bataillons mobilisés, bien équipés et exercés, pour l'armée de la Loire.

Il déplorait surtout l'absence d'énergie chez M. Küss et une partie des membres de la Commission municipale qui avaient consenti à se rendre au *Te Deum d'actions de grâces* célébré par les Prussiens dans l'église Saint-Thomas à l'occasion de la reddition de la ville.

Je pris chaudement la défense de mes collègues, et en répétant à M. Gambetta les explications que m'avait données M. Küss après la séance où j'avais protesté moi-même contre cette démarche insolite, il ne fut pas difficile d'établir qu'ils avaient cru devoir se soumettre à cette humiliation, pour écarter de la ville de nouveaux malheurs.

La preuve que je réussis à le convaincre, c'est qu'il résolut, dans le cas où des élections auraient lieu en Alsace, de conférer des pleins-pouvoirs à un Comité dont MM. Küss, Bœrsch et Saglio devaient faire partie.

M. Gambetta s'exprima aussi sur l'Allemagne, l'esprit de ses habitants et ses partis politiques en homme qui, bien avant la guerre, avait étudié de près ce pays.

Quel ne fut pas mon étonnement, lorsqu'on me dit que le *Moniteur universel* avait publié sous ce titre : *Une Lettre aux Allemands*, un article, rédigé d'un bout à l'autre dans le sens de mon entretien avec M. Gambetta, que j'avais répété la veille au milieu de ma petite société habituelle. Il y avait là une telle coïncidence, que je résolus d'éclaircir ce fait. Afin de trouver plus facilement accès auprès du directeur du *Moniteur*, je lui remis une lettre de félicitations à l'adresse de l'auteur des lignes qui nous avaient frappés. J'appris de M. Paul Dalloz que cet auteur était M. T...., publiciste bien connu, ami de M. de Chaudordy, et qui avait longtemps résidé en Allemagne.

M. Dalloz m'engagea d'aller trouver M. T...., avec lequel j'eus le lendemain une longue et intéressante conversation. Au moment de nous séparer, M. T.... me pria de lui remettre ma lettre, dont M. Dalloz lui avait parlé. N'y voyant aucun inconvénient, je la lui donnai, ne songeant nullement qu'elle obtiendrait l'honneur de paraître dans les colonnes du journal officiel du Gouvernement français.

Cette publication, reproduite par plusieurs feuilles, notamment par le *Siècle*, m'a été vivement reprochée par mes adversaires comme une mauvaise action ; l'opinion que j'émettais était cependant sincère, et aujourd'hui encore, surtout en prévision des complications nouvelles qui pourraient surgir dans un prochain avenir, je crois mon opinion conforme à la vérité.

Voici, du reste, les deux documents — que mes lecteurs en soient juges :

Une Lettre aux Allemands.
(*Moniteur universel*, 10 novembre 1870.)

Allemands ! vous avez fait la guerre à un homme, héritier de ce Napoléon si funeste à votre pays et au nôtre encore davantage. Depuis dix semaines l'homme est tombé, sa dynastie est chassée, et maintenant vous faites la guerre à un peuple.

Cela est-il juste? Vous êtes en France depuis trois mois, vous avez connu nos paysans, nos ouvriers, nos bourgeois, et vous pouvez juger si nous sommes tels qu'on nous a dépeints pour vous exciter contre nous : des querelleurs, des ambitieux, des esprits turbulents que leur foyer ennuie, jaloux de vos propriétés, avides de gloire et de parades militaires. Vous avez trouvé en nous des hommes semblables à vous-mêmes, occupés de leurs champs et de leur métier, attachés à leurs maisons et à leur famille, laborieux, ne souhaitant rien de mieux que de vivre en paix et de gagner honnêtement leur vie. Voici ce que nous sommes; croyez-en vos yeux et votre expérience, et non les déclamations de vos journaux.

S'il en est ainsi, la guerre que vos chefs s'obstinent à nous faire est-elle juste? Nous souhaitons la paix, notre Gouvernement l'a demandée; la majorité de la nation l'a toujours voulue; si, au mois de Juillet, elle a suivi l'Empereur, c'est parce qu'on l'avait trompée: notre République est la fille et l'héritière de celle de 1848 qui, à son avènement, avait déjà répudié toute idée de conquête.

En face d'un peuple ainsi disposé, qu'est-ce que la guerre, sinon le brigandage en grand!

Vous avez des champs, des récoltes, et vous savez ce qu'il en coûte pour faire rendre quelque chose à la terre; vous avez des fils, des pères, et vous savez ce que vaut la vie d'un homme.

Il s'agit pour vous de détruire tout cela chez nous, car la guerre n'est pas autre chose; songez qu'elle n'est légitime que pour préserver sa vie et ses biens, et ce sont nos biens et nos vies que nous défendons aujourd'hui; vous n'êtes plus attaqués, vous êtes agresseurs.

Votre conscience est-elle tranquille lorsque vous brûlez la maison d'un paysan qui a voulu préserver sa récolte, lorsque vous pillez une ville qui n'a pu fournir une contribution exigée, lorsque vos bombes lancées dans Strasbourg éclatent sur une école de petites filles, et que huit jours après, le journal annonce, en matière de consolation, *que plusieurs d'entre elles ayant été amputées, l'opération a réussi?*

Ni le peuple allemand, ni le peuple français ne sont conquérants, c'est-à-dire incendiaires et meurtriers par système. Il a fallu l'égoïsme, l'ambition et le mensonge des chefs pour nous lancer les uns contre les autres. On nous a dit que depuis votre union vous vouliez être les maîtres en Europe; qu'en donnant un roi à l'Espagne vous prépariez une attaque sur nos derrières, et que votre parti-pris était de nous opprimer. On nous a trompés, mais à votre tour, on vous trompe.

On vous a dit que vous entreriez dans Paris comme dans une ville ouverte, et vous voyez, depuis un mois que Paris, sans discordes intestines, trouve dans tous ses habitants des soldats. On vous a soulevés en disant que vous marchiez à la conquête de la paix, d'une paix durable; regardez les prétentions de vos chefs; dites si, même satisfaites, elles sont de nature à vous garantir l'inestimable bienfait de la paix; ils veulent nous prendre deux provinces, douze cent mille citoyens français de cœur et dont vous connaissez les sentiments.

On ne dissimule pas la violence qu'on ferait à ces sentiments, ni les embarras qu'elle vous donnerait pendant un demi-siècle; bien plus, on avoue qu'elle sera une source inépuisable de guerres, et que derrière les remparts de Metz et de Strasbourg vous vivrez sur le qui-vive, et toujours le fusil à la main.

Ainsi, la guerre dans le présent et la guerre dans l'avenir; aujourd'hui le siége de Paris armé et formidable, l'hiver qui s'approche, la peste bovine qui détruit vos provisions, les départements français qui se lèvent sur vos derrières, toutes les longues misères de la vie campée en pays hostile et ravagé, parmi des hommes poussés à bout, demain des misères semblables, et ainsi de suite, sans que personne puisse prévoir un terme à tant de maux!

Pour qui ce sacrifice de tant de vies et de tant de biens, du présent, de l'avenir? Pour vos chefs, pour la satisfaction de leur orgueil, pour l'affermissement de leur monarchie militaire, pour accroître la morgue de vos nobles si durs, pour reculer l'avènement de l'égalité, qui vous manque, pour perpétuer l'insolence et l'oppression que l'officier-gentilhomme exerce, au village comme à la caserne, sur le soldat roturier; pour faire de l'Allemagne un camp sous un général prussien, pour installer à demeure chez vous ce règne du sabre que le premier Napoléon avait établi chez nous.

Nous l'avons subi, que Dieu vous en préserve! Mais si vous voulez en être préservé, ne vous y livrez pas d'avance; songez à votre retour en Allemagne, au régime que vous préparez à vos enfants, à la liberté de votre patrie.

On ne viole pas impunément chez autrui l'humanité et la justice; si malgré nos efforts de paix, malgré notre bonne volonté manifeste, malgré notre droit, désormais certain, vous continuez à vous acharner contre nous, de quelque côté que soit la victoire, il n'importe : vous trouverez chez vous à demeure le contre-coup du mal que vous nous aurez fait.

Voici ma lettre :

A propos de la Lettre aux Allemands.

(*Moniteur universel*, 14 Novembre 1870.)

Nous recevons la lettre suivante, qui sera certainement lue avec un vif intérêt :

« Monsieur le Rédacteur en chef du *Moniteur universel*,

« Vous avez publié, sous le titre et la forme d'une *Lettre aux Allemands*, un article plein de vérités, qui dénote, de la part de son auteur, une connaissance exacte de la situation en général, ainsi que de l'esprit qui anime et qui, malgré la guerre, n'a cessé d'animer la population civile de l'Allemagne.

« Cette population, pacifique, libérale et éclairée, n'acceptera jamais comme sien le programme de M. de Bismarck, qui consisterait, dirait-on, à vouloir moraliser l'Europe centrale, en la mettant sous la dure férule des gentilshommes prussiens, derniers réprésentants de la féodalité.

La Prusse, elle-même, n'a-t-elle pas, par l'organe de ses Députés, résisté jusqu'en 1866 aux vues et aux prétentions ambitieuses de ce parti ? N'est-ce pas contrairement au vœu des Chambres prussiennes que l'habile Ministre maintint alors le budget militaire, qui lui a permis de jeter les peuples allemands dans la guerre fratricide dont Sadowa fut le résultat ? Pour rallier à ses succès et à sa politique les populations dissidentes des provinces et des pays du Sud, M. de Bismarck ne fut-il pas obligé de donner satisfaction à leurs intérêts légitimes, par la convocation d'un Parlement allemand, qui devait procurer à l'Allemagne entière, union, paix et prospérité ?

« Les partis qui composent l'Allemagne libérale, depuis les *Lasalliens* jusqu'aux *Nationaux libéraux*, ont toute autre chose à faire que de poursuivre une guerre de conquête contre la France.

« Pour les entraîner dans cette guerre, et connaissant leur haine contre le régime bonapartiste, éternel ennemi des intérêts populaires, M. de Bismarck déclara vouloir renverser ce régime par une victoire décisive; il ne prévoyait pas, il ne pouvait prévoir qu'au premier échec l'Empereur et son état-major mettraient bas les armes, et que la France indignée, libre et grande, se soulèverait contre lui.

« Le but que M. de Bismarck voulait attteindre, c'était la chute de l'empire, la victoire de Sedan; chercher à réduire la France elle-même par l'envahissement de l'Alsace et de la Lorraine et par l'annexion de ces deux provinces, c'était dépasser ce but.

« Devant l'Allemagne surprise et étonnée, les efforts d'imagination de M. de Bismarck tourneront contre lui; il ne parviendra jamais à justifier ces actes ni à les expliquer, car les Commissaires envoyés par lui dans les villes envahies ont dû acquérir la conviction que la partie éclairée et influente de la population alsacienne ou lorraine ne consentira jamais à renoncer à sa nationalité.

« Les Chambres de commerce allemandes protestent à leur tour, dans l'intérêt de leur industrie, contre l'annexion de l'Alsace. Le Grand-Duc de Bade, auquel cette annexion devrait surtout profiter, puisqu'elle aurait servi à élargir le beau pays qu'il administre en prince éclairé, a lui-même, dit-on, déclaré qu'il préfèrerait rentrer dans la vie privée plutôt que d'accepter cet agrandissement de territoire.

« L'attitude des populations, sur les deux rives du Rhin, renverse les calculs de M. de Bismarck; l'union des partis en France, que vainement on a essayé de troubler, par l'agitation d'une campagne électorale, fera le reste, et le moment approche où les communes libres de l'Allemagne, fatiguées autant que nous par les horreurs de cette guerre, élèveront leurs voix en faveur de notre pays.

« Laissant de côté nos divisions intestines, nous devrions nous fortifier, en nous ralliant autour du Gouvernement; nous devrions, par notre accord même, lui donner les moyens de jeter, en dehors de l'intervention des puissances neutres, les bases d'une union et d'une paix durables entre les deux plus généreuses nations du monde moderne, sacrifiées à des combinaisons qui n'ont plus de raisons d'être.

« Agréez, etc. »

CHAPITRE IX.

Ma prétendue mésintelligence avec le Comité de la Douane et avec MM. les Hauts Délégués suisses.

J'ai déjà raconté dans un précédent Chapitre dans quelles conditions fut organisé le Comité définitif de la Douane; on aura acquis la conviction que j'y comptais quelques amis de vieille date, qui nous avions toujours tendu la main quand il s'agissait de la création d'une institution philanthropique ou d'assistance fraternelle. Je n'en citerai ici que les suivantes, qui avaient été créées par nos efforts communs :

La Société d'encouragement au travail régulier et à l'épargne;
La Société des loyers;
La Société du crédit mutuel;
La Société de consommation;
La Société des cours d'adultes;
La Société de la Ligue de l'enseignement;
La Société de secours aux blessés, etc., etc.

Si la fumée du canon a pu momentanément voiler tous ces essais, auxquels beaucoup de mes concitoyens, et au dehors bien des hommes connus par leurs tendances philanthropiques, avaient constamment prêté leur concours, il n'est nullement décidé que nous les abandonnerions; je crois donc pouvoir affirmer que le lien qui m'attache à ces amis est aujourd'hui encore tout aussi solide qu'avant la guerre.

J'ai conservé d'ailleurs toutes mes pièces de correspondance officielle avec le Comité de la Douane, et je n'y trouve aucune trace d'une mésintelligence sérieuse.

Pour ce qui concerne mes rapports avec MM. les Hauts Délégués de la Suisse, elles ont été des plus cordiales dès le premier abord; j'estime et j'aime ces Messieurs profondement, et sans crainte d'être démenti, j'affirme avec fierté qu'ils m'ont conservé leur affectueuse amitié.

Et cependant sur ce terrain-là, avec quelque apparence de succès, mes adversaires ont réussi à m'accuser: „D'a-
„voir, malgré les observations qui m'avaient été faites en
„temps opportun, abusé *sans ménagement* en faveur des fu-
„gitifs strasbourgeois, des bienfaits d'une nation amie, en
„risquant de la compromettre vis-à-vis de la Prusse, et
„principalement d'avoir attiré à tous mes collègues de la
„municipalité, en vertu de la solidarité qui nous unissait,
„le reproche d'*abus d'hospitalité*."

Je cite textuellement ce passage d'une lettre que m'écrivit un jeune adjoint au Maire mis en demeure de me donner satisfaction avant notre complète réconciliation.

Mais, je le demande à tout homme de bonne foi, pouvait-on éviter, au milieu de la formidable confusion produite par l'organisation précipitée des premiers convois d'émigrants pour la Suisse, quelques abus isolés? Vraiment, il sied bien à ceux-là qui, loin des projectiles ennemis, sont restés les bras croisés, de venir après coup me reprocher ma conduite dans des circonstances aussi exceptionnelles, et certes, il n'a pu venir à l'idée d'aucun homme sérieux de vouloir me rendre responsable au premier chef pour tous les détails de ce délicat, difficile et périlleux service.

J'en appelle aux nombreux émigrants eux-mêmes qui, la plupart, doivent être revenus aujourd'hui dans leurs foyers, pour me rendre ce témoignage que j'ai tout fait ce qu'il était humainement possible de faire.

J'ai souvent rendu visite à M. le D^r Rœmer, président de la ville de Zurich, pendant mon séjour dans cette ville; j'ai revu M. de Büren à Berne : ces deux membres du Comité exécutif de secours pour Strasbourg ne m'ont pas adressé la moindre observation.

Quant à M. le Dr Bischoff, Secrétaire d'État de Bâle, avec lequel j'étais resté en correspondance suivie et auquel je m'étais plaint au sujet des attaques malveillantes dirigées contre moi, voici ce qu'il me répondit le 29 novembre 1870 :

« Aber um Gotteswillen, mein Freund, wie kœnnen Sie sich nur über das Vergangene noch Scrupeln machen? Was hat sich um üble Nachreden einzelner neidischer Gesellen ein Mann zu bekümmern, der wie Sie wæhrend des grœssten Unglücks der Vaterstadt mit eben so viel Erfolg als Aufopferung vorgestanden hat?

« Dass bei den Auszügen wæhrend der Belagerung Missbræuche vorgekommen sind, dass einzelne Unberechtigte Austrittskarten erhalten haben, nun ja, das wird wohl nur zu wahr sein.

« Sollte man aber um solcher ganz unvermeidlicher Uebelstænde Willen etwa gar die Sache unterlassen oder Andern überlassen?

« Wer so viel geleistet hat wie Sie, der hat das Vorrecht, dass er hintenher die Andern getrost kann schwætzen lassen, und dass er, wo ihm dies auch augenblicklich Weh thun sollte, sich damit trœsten kann, wenn sein eigenes Gewissen ihm sagt, er habe eine schwere Probe gut bestanden. »

Plus loin, M. le Dr Bischoff ajoute :

« Bitte, lassen Sie sich durch solche nachtrægliche Grübeleien nun nicht Ihre wohlverdiente Ruhe stœren; die Anerkennung dessen, was Sie gethan, wird doch bei allen urtheilsfæhigen Leuten fortdauern.

« Ich denke übrigens oft, es kommt ja im Grunde darauf nicht an, *wie eine Sache scheint*, sondern nur darauf *wie sie ist*.

« Wenn jetzt undankbare und hæmische Leute, die wæhrend der Belagerung wahrscheinlich alle unsichtbar und in den Kellern waren, Ihre Leistungen verkleinern und leugnen, so ist das allerdings nicht gerade angenehm und ermuthigend; die Hauptsache aber ist, dass Ihre Leistungen eben Wahrheit sind, sie sind Thatsache, und Gott kennt sie..... »

Cette lettre n'a pas besoin de commentaires et démontre qu'en perdant un *prétendu ami* en la personne de M. F... j'ai eu le bonheur d'en acquérir un plus sérieux en M. le Dr Bischoff, et que certainement je n'ai pas perdu au change.

CHAPITRE X.

Distributions irrégulières du vin dans les Restaurants populaires.

Les fonctions municipales, dans lesquelles j'ai débuté avec les dangers du bombardement et du siége de ma ville natale et qui cessèrent avec sa chute, m'avaient valu en peu de jours plus de rancunes hostiles ou perfides que ne m'en avaient jamais attirées toutes mes tentatives antérieures pour la création de diverses institutions d'assistance et de secours mutuels; car, dans presque toutes les fondations philanthropiques auxquelles j'avais prêté mon concours depuis 1848, j'avais constamment gardé ma liberté d'action pleine et entière, et c'est de cette manière que je continuais à me rendre encore utile, même à la *Société de secours aux blessés*, dont j'étais devenu l'un des secrétaires dès le début de la guerre, et dont j'avais été — pourquoi le cacherais-je? — l'un des plus zélés organisateurs. J'ai l'intime conviction que toutes les personnes qui ont pris une part active quelconque à cette difficile entreprise, ne m'infligeront pas de démenti. (Voir *Registre des Procès-verbaux.*)

Jusqu'au jour de l'entrée de M. Flach dans l'administration municipale, j'obtenais toujours l'assentiment de tous mes collègues pour les différentes propositions émanées de ma propre initiative. (Voir *Délibérations du Conseil d'administration.*)

Mais le lendemain du jour où, avec le concours de MM. Küss, Bœrsch, Klein, Kablé et Schnéegans, réunis à ma prière, nous avions obtenu du général Uhrich la proclamation de la République, les choses changèrent. M. Flach était devenu mon collègue, et de ce moment-là me fit une guerre que je ne veux pas qualifier ici.

Après nous avoir fait perdre *trois longues séances* à propos d'un malheureux *agent de police* pris en faute (voir *Registre des Délibérations*), M. Flach, auquel ses attributions municipales laissaient alors beaucoup de loisirs, employa tous ses instants à me susciter des entraves, dans l'unique but de me troubler et de me compromettre, et cela sans se soucier le moins du monde si ses procédés à mon égard n'auraient pas pour résultat inévitable de causer le plus grave préjudice aux malheureux dont on m'avait confié la charge.

Chacun sait que la municipalité, après avoir été réduite à consentir à la fermeture de la Caisse d'épargne, et en présence du chômage complet des travaux, commença le 30 août par distribuer des secours aux indigents et à ouvrir des restaurants gratuits, où tous les malheureux pouvaient se procurer des aliments chauds et substantiels.

Le premier de ces restaurants fut établi dans la salle de l'*Estaminet Piton*, sous la direction de MM. Belley et Piton, assistés de plusieurs citoyens dévoués de leur voisinage. Tous les autres restaurants populaires furent organisés en très-peu de temps à l'instar de ce premier établissement, et tous les matins on me remit à la Mairie un rapport sur les opérations de la journée précédente.

Ces documents constatent que, pendant le siége, il a été distribué dans les restaurants populaires 341,602 repas dont 13,262 dans la seule journée du 26 septembre.

Cette distribution se répartit comme suit entre les différents établissements :

A l'École du Fossé-des-Tanneurs, du 1er septembre au 10 octobre . . . . 101,064 repas.
A la Halle-Couverte, du 5 septembre au 10 octobre . . . . 68,312 —
A l'Estaminet Piton, du 30 août au 6 octobre. . . . . 53,200 —
Au Soleil, du 5 septembre au 4 octobre 45,072 —
A Saint-Joseph, du 1er septembre au 6 octobre. . . . . 36,506 —

A Sainte-Marie, du 4 septembre au 6 octobre . . . . 19,338 repas.
A l'Éléphant, du 7 au 28 septembre . 10,674 —
Au Théâtre, incendié le 9 septembre . 1,516 —

La *Société des Cuisines à prix réduits*, qui avait organisé plusieurs restaurants, distribua en dehors des repas payants, 5,920 repas gratuits remboursés par la Ville.

La caisse municipale eut à solder une somme totale de 68,647 fr. pour l'alimentation des victimes du bombardement, ainsi qu'il ressort d'un extrait de compte que j'ai sous les yeux, soit en moyenne $19/_{19}$ centimes par personne et par repas, y compris le vin, dont le prix (6975 fr. 20 c.), réparti entre tous les participants, produit une moyenne d'environ 2 centimes par personne et par repas. (Les frais d'installation, qui seraient encore à déduire du chiffre ci-dessus, montèrent à 3072 fr.)

Pour *deux centimes* de vin par tête et par repas, cette dilapidation n'est-elle pas scandaleuse?! Afin de rester dans la vérité, il est juste d'ajouter que les enfants et un certain nombre de femmes, au lieu de vin, recevaient parfois un mélange de café et de kirsch.

J'ai eu dans le temps occasion d'étudier l'organisation des *Cuisines économiques* de Genève, Grenoble, etc.; leur fonctionnement coûtait bien plus cher; mais il faut ajouter que le restaurant Belley-Piton recueillait des dons en nature et en argent.

Pour prouver à ceux de mes adversaires qui seraient peut-être disposés à l'oublier, que l'organisation des *Restaurants populaires* n'était ni un luxe superflu ni une dépense inutile, je ne puis que remettre sous leurs yeux quelques passages de mon rapport approuvé par la Commission municipale le 16 septembre, époque de la plus forte crise.

« Si beaucoup de nos concitoyens ont vu dans cette institution une œuvre purement charitable et d'assistance publique, la majorité de la population a mieux compris la mesure adoptée par la Municipalité, approuvée par les autorités supérieures, et qui a été provoquée par les motifs suivants :

« L'ennemi, je l'ai déjà dit, comptait sur nos dissensions intestines pour se faire ouvrir les portes de la ville. Or, le meilleur moyen de provoquer ces dissensions, n'était-il pas d'indisposer la population, que dis-je, de l'exaspérer, de l'affamer, de la décimer par la maladie?

« Que fallait-il faire pour déjouer ces plans, si ce n'est de fournir une nourriture saine et abondante à toute une population épuisée et privée de ressources?

« Ce n'était pas là, vous le reconnaîtrez avec moi, Messieurs, faire une pure œuvre de charité, c'était bien là *une œuvre de salut public !*

« Les autorités militaires avaient reconnu, dès le premier jour, que la mesure administrative qui créait les restaurants populaires a contribué pour une large part, en conservant la santé des habitants, non-seulement au maintien de l'ordre, mais encore à la défense de la place.

« Secondés par le zèle que nous avons rencontré partout, nous avons été promptement en état de nourrir convenablement tous nos convives, et à l'aide de sacrifices que se sont imposés des citoyens de toutes les classes, nous avons même pu, dès le premier jour, leur offrir du vin. »

Ce jour-là M. Flach serait mal tombé, s'il s'était avisé de proposer la fermeture de ces restaurants. Peut-être y songeait-il déjà?

Le 29 septembre la ville ouvrit ses portes à l'armée allemande, et dès le 7 octobre suivant tous les restaurants, à l'exception de ceux de la Halle-Couverte et de l'École du Fossé-des-Tanneurs, avaient été fermés par mon ordre;

ces deux derniers établissements restèrent ouverts aux plus nécessiteux, notamment aux familles des douaniers, des gendarmes, des francs-tireurs et des gardes mobiles emmenés en captivité, qui devaient y être entretenus aux frais du Comité de secours dont j'ai parlé au commencement du Chapitre IV ; par la suite ils devaient être transformés en *Cuisines économiques*, que j'avais résolu d'organiser à mes risques et périls dans les ruines de l'Aubette, provisoirement appropriées à cet usage. Ces deux restaurants fournissaient en outre la nourriture aux prisonniers traînards arrêtés par les Prussiens et détenus dans les étages supérieurs de la Mairie jusqu'à leur départ pour les casemates de Rastatt.

Le général de Werder avait fait don, je l'ai déjà dit, de *cinquante bœufs* pour ces restaurants ; ils ont été vendus, l'on sait comment. J'avais versé au Comité de la Douane plus de 5000 fr. qui m'avaient été remis par des envoyés du *Zweig-Verein de Landau*, avec la destination spéciale d'être employés au maintien des restaurants populaires, et le Comité de la Suisse m'avait annoncé des envois de vivres et d'argent pour le même but.

De plus, j'avais sollicité et obtenu du général de Mertens mille couvertures de lits que je m'étais empressé de transmettre au Comité de la Douane, et je me disposais à revendiquer pour nos nécessiteux les farines abandonnées dans les magasins par la garnison française.

(M. Schenck de Schweinsberg obtint ces farines plus tard, et il les remit au Comité de la Douane.)

Je me proposai en outre d'organiser des *Comités de Dames*, dans le but de recueillir, pour les reconstituer en ménages, les membres des familles dispersées, qui formaient toujours la clientèle principale des restaurants populaires.

Mais, au lieu de tout cela, qu'est-il arrivé ?

Le 6 octobre au matin, le préposé chargé de chercher à la Halle-Couverte la nourriture des 96 prisonniers français qui devaient partir une heure plus tard pour Rastatt, revint me dire que la Halle-Couverte était restée fermée ce jour-là, et que ces malheureux allaient par conséquent être obligés de partir à jeun.

Cette alternative me mit hors de moi. Heureusement M. Piton me tira d'embarras en envoyant à la Mairie des vivres préparés à la hâte.

Je fis rouvrir immédiatement la Halle. M. Lehr, qui dirigeait cet établissement en l'absence de M. Molck, auquel j'avais demandé des explications, m'adressa la lettre suivante que je soumis le même soir au Conseil d'administration, en déclarant qu'il ne me restait plus qu'à me retirer en présence d'une pareille décision prise à mon insu et qui anéantissait tous mes projets.

Le Conseil d'administration revint sur la décision prise la veille en mon absence et sur la proposition de M. Flach.

Voici la lettre de M. Lehr :

« Strasbourg, le 6 Octobre 1870.

« Monsieur l'adjoint,

« Dimanche dernier, vous m'avez prié de me charger de l'administration du *Restaurant populaire de la Halle-Couverte,* et hier, mercredi matin, vous m'avez recommandé d'en renvoyer tous les convives valides, même les femmes.

« J'ai scrupuleusement exécuté vos ordres, et à partir d'aujourd'hui nous n'aurions plus admis que les veuves, les orphelins et les infirmes.

« Mais à une heure hier, trente soldats étrangers, envoyés par la Mairie, sont venus réclamer de la viande, des légumes et le reste. Notre cuisine n'étant prête que pour cinq heures, nous avons dû les renvoyer.

« M. Hauss, administrateur du *Restaurant populaire du Fosse-des-Tanneurs* m'a fait prévenir que sa cuisine se chargerait dorénavant des *gratuits*, tandis que la nôtre devait recevoir les *payants*.

« A quatre heures, M. l'adjoint Flach, assisté de M. Ch. Krafft, est venu faire l'inventaire du magasin de vivres établi chez M. Henry, Président de la Commission des approvisionnements, me déclarant que *tout serait enlevé* jeudi matin à huit heures. Sur mon objection, avec quoi nourrir les pensionnaires de la Halle-Couverte, M. l'adjoint Flach m'a déclaré qu'il fallait la fermer, et que toutes les fournitures que je ferais dorénavant me regardaient personnellement, *vu que la ville ne reconnait plus cet établissement, etc.* »

L'enlèvement des marchandises eut lieu effectivement. Je n'avais plus le courage de protester ; un vague pressentiment de ce qui allait être ourdi contre moi plus tard me plongea dans un profond abattement. Je continuai néanmoins à faire mon service, sans plus m'occuper des mesures qui ne s'y rattachaient pas directement.

Je mis quelques amis au courant de la situation, notamment M. le pasteur Schillinger, qui, peu auparavant et à ma simple prière, avec un admirable dévouement, avait traversé les lignes ennemies pour chercher à Paris des médicaments, principalement du quinquina et du chloroforme, qui, déjà au commencement du siége de la ville, avaient totalement manqué dans les pharmacies, alors que déjà plus de 500 fiévreux de l'armée d'Afrique et de nombreux blessés de Frœschwiller encombraient nos hôpitaux.

Les approvisionnements de la Ville furent vendus avec environ *vingt mille francs de perte sèche*, tandis que nos boulangers qui, durant le siége, avaient épuisé pour nous tous leurs approvisionnements, étaient obligés d'acheter à des prix onéreux pour les remplacer.

M. Flach traita de cette vente *à forfait*, au lieu de procéder, comme la loi le prescrit, *par voie d'adjudication*, et voici les résultats qu'il obtint :

119,958 kilos farine 1re qualité, achetés 52 fr. 80 c. environ les 100 kil. furent vendus à 40 fr.   47,983' 20^c

6,633 kil. farine 3e qualité, achetés 45 fr. les 100 kil., furent cédés à 30 fr.. . . . .   1,989 90

25,315 kilos remoulages, achetés à 30 fr. les 100 kilos, furent vendus 18 fr. . . .   4,556 70

10,000 kilos riz, ayant coûté 4,100 fr., ont été cédés à . , ...   2,616 95

Je cite ces chiffres sans avoir la prétention de les discuter ou de les critiquer; seulement je tiens à établir la comparaison entre cette opération de M. Flach et l'affaire des chemises de flanelle ou de la distribution du vin dans les restaurants populaires, qu'il s'est permis de présenter à différentes reprises sous un point de vue absolument inexact.

Le 20 novembre, à mon retour de Tours, M. Küss m'envoya la lettre suivante :

MAIRIE
DE
STRASBOURG
—
SECRÉTARIAT GÉNÉRAL

République française.

«Strasbourg, le 20 Novembre 1870.

« Monsieur et cher collègue,

« Par une dépêche en date du 14 de ce mois, M. de Luxbourg me demande un rapport détaillé sur les secours qui ont été distribués aux victimes du bombardement.

« J'ai écrit à ce sujet à M. Momy, Président du Comité de Secours strasbourgeois. Il me fournira les détails qui sont de sa compétence.

« Les Restaurants populaires doivent figurer au rapport en première ligne.

« Vous avez déjà présenté à la Commission municipale des rapports très-développés sur cette œuvre d'intelligente charité, il vous sera facile de les compléter, et je vous prie dès lors de me faire remettre une note contenant les indications historiques et statistiques que vous jugerez convenable de fournir.

« En recommandant ce travail à votre activité bien connue, je vous prie, Monsieur et honoré collègue, d'agréer l'assurance de ma considération distinguée.

« Le Maire, Küss. »

Le lendemain matin, dans le cabinet du Maire, une scène pénible se passa entre MM. Kablé, Klein et moi, en présence de MM. Küss, André et Eissen : le Maire — ce jour-là pour la première fois — ayant pris fait et cause pour mes adversaires, je me retirai pour lui adresser ma démission en ces termes :

« Strasbourg, le 21 Novembre 1870.

« Monsieur le Maire,

« Les explications échangées entre nous et plusieurs de mes collègues de l'administration m'ont convaincu que je ne possède plus votre confiance et la leur; cependant, sans ce lien, l'accomplissement de notre tâche commune devient impossible.

« Je vous adresse en conséquence ma démission d'adjoint et de membre de la Commission municipale.

« J'aurais accepté facilement les critiques portant sur les actes de mon administration, car je n'ai pas la prétention de ne jamais m'être trompé et d'avoir toujours déployé une activité ou une intelligence à la hauteur de la gravité des circonstances; je ne revendique qu'une chose, c'est la conviction d'avoir mis au service de mes concitoyens le dévouement le plus absolu.

« Agréez, Monsieur le Maire, etc. »

Je joignis à cette lettre une autre ainsi conçue :

Personnelle.

« Monsieur Küss,

« Au moment de me séparer de l'administration municipale, j'éprouve le besoin de protester contre certaines accusations qui tendraient à incriminer ma conduite à votre égard.

« J'ai professé pour vous une estime sincère, dont je ne me suis jamais départi, et tous mes actes, toutes mes paroles ont été jusqu'au dernier jour inspirés par ce sentiment.

« Je regarde donc comme un devoir de le répéter au moment de me séparer de vous, repoussant comme injuste et imméritée toute assertion contraire.

« Agréez, Monsieur, l'assurance de ma haute considération.

« A. ZOPFF. »

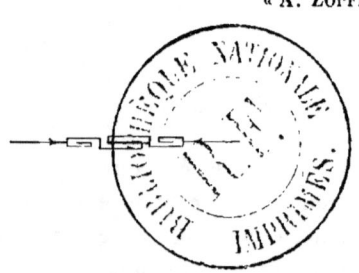

Strasbourg, imprimerie E. Simon

www.ingramcontent.com/pod-product-compliance
Lightning Source LLC
LaVergne TN
LVHW020047090426
835510LV00040B/1448